Elsa's Adventures: Bilingual Swedish-English Short Stories for Kids

Artici Kids

Published by Artici Kids, 2024.

While every precaution has been taken in the preparation of this book, the publisher assumes no responsibility for errors or omissions, or for damages resulting from the use of the information contained herein.

ELSA'S ADVENTURES: BILINGUAL SWEDISH-ENGLISH SHORT STORIES FOR KIDS

First edition. May 8, 2024.

Copyright © 2024 Artici Kids.

ISBN: 979-8224589395

Written by Artici Kids.

Table of Contents

Elsas Förtrollande Trädgård.. 1

Elsa's Enchanting Garden 3

Elsas Hemliga Trädgårdsäventyr... 5

Elsa's Secret Garden Quest.. 7

Elsas Trädgårdsupptäckt.. 9

Elsa's Garden Discovery.. 11

Elsa och det Enigmatiska Skatten... 13

Elsa and the Enigmatic Treasure 15

Elsas Flykt av Mod 17

Elsa's Flight of Courage.. 19

Elsas Medkännande Uppdrag 21

Elsa's Compassionate Quest.. 23

Elsas Himmelska Äventyr 25

Elsa's Celestial Adventure... 27

Elsas Regniga Dagsnöje 29

Elsa's Rainy Day Delight... 31

Elsa's Magiska Picnic 33

Elsa's Magical Picnic 35

Elsas Musikaliska Trädgård 37

Elsa's Musical Garden 39

Elsas Snöiga Överraskning 41

Elsa's Snowy Surprise 43

Elsas Trädgårdsteater 45

Elsa's Garden Theater 47

Elsas Födelsedagsfirande 49

Elsa's Birthday Bash 51

Elsas Avsked och Nytt Kapitel 53

Elsa's Farewell and Hello 55

Elsas Förtrollande Trädgård

I en färgstark trädgård, inbäddad mellan höga träd och blomstrande blommor, bodde en nyfiken och vänlig nyckelpiga vid namn Elsa. Med delikata vingar som skimrade i solljuset fladdrade Elsa från en färgglad blomma till en annan, hennes ögon glittrade av förundran.

En ljus morgon vaknade Elsa till den mjuka summan av bin och den söta doften av blommor. Spänd av förväntan sträckte hon sina små ben och bredde ut sina vingar, redo för ett nytt äventyr.

När Elsa vågade sig ut i trädgården kunde hon knappt hålla tillbaka sin upphetsning. Hon rusade mellan blombladen på en solros och fnittrade när morgondaggen kittlade hennes antenner. Varje hörn av trädgården höll en hemlighet som väntade på att upptäckas, och Elsa var fast besluten att avslöja dem alla.

Med varje fladder av hennes vingar hälsade Elsa sina medträdgårdsinvånare – de surrande bina, de dansande fjärilarna och de flitiga myrorna. Hon delade berättelser om sina tidigare äventyr och lyssnade ivrigt på deras egna berättelser.

Men mitt i trädgårdens liv och rörelse kände Elsa en dragning i sitt hjärta. Hon längtade efter att träffa någon ny, någon som delade hennes kärlek till utforskning och spänning.

För att göra en ny vän spred Elsa ut sina vingar och flög högre upp i himlen. Hon flög förbi de gungande träden och den mjuka susningen av löv tills hon snubblade över en gömd lund gömd i trädgårdens hörn.

Där, gömd bland de doftande blommorna, fanns en blyg larv som tuggade på ett blad. Elsas hjärta hoppade till när hon landade mjukt bredvid honom.

"Hej där!" kvittrade hon, hennes röst mjuk som en sommarbris.

Larven tittade upp, hans ögon vidgades av förvåning. "Åh, hej," svarade han, hans röst darrande av osäkerhet.

Elsa log varmt, hennes vingar skimrade i solljuset. "Jag är Elsa, nyckelpigan," sa hon och sträckte ut ett litet ben i hälsning. "Vad heter du?"

Larven blinkade oförstående, knappt vågande tro sin lycka. "J-jag är Carl," stammade han, hans röst knappt över en viskning.

Och så, mitt bland de färgglada blommorna och den mjuka summan av trädgården, smiddes en vänskap mellan Elsa och Carl som skulle hålla livet ut. Tillsammans skulle de ge sig ut på otaliga äventyr, deras hjärtan fyllda av skratt och glädje.

För i den magiska trädgårdens värld, där vänskaper blommade som blommor och drömmar lyfte med skira vingar, hade Elsa funnit sitt sannaste äventyr av alla – vänskapens äventyr.

Elsa's Enchanting Garden

In a vibrant garden nestled between tall trees and blooming flowers, lived a curious and friendly ladybug named Elsa. With delicate wings shimmering in the sunlight, Elsa fluttered from one colorful blossom to another, her eyes sparkling with wonder.

One bright morning, Elsa woke up to the gentle hum of bees and the sweet scent of flowers. Excited to start her day, she stretched her tiny legs and spread her wings, ready for a new adventure.

As Elsa ventured out into the garden, she couldn't contain her excitement. She darted between the petals of a sunflower, giggling as the morning dew tickled her antennae. Every corner of the garden held a mystery waiting to be discovered, and Elsa was determined to uncover them all.

With each flutter of her wings, Elsa greeted her fellow garden dwellers – the buzzing bees, the dancing butterflies, and the industrious ants. She shared stories of her previous adventures and listened intently to tales of their own.

But amidst the hustle and bustle of the garden, Elsa felt a tug at her heartstrings. She longed to meet someone new, someone who shared her love for exploration and excitement.

Determined to make a new friend, Elsa spread her wings and soared higher into the sky. She flew past the swaying branches of the trees and the gentle rustle of leaves until she stumbled upon a hidden alcove tucked away in the corner of the garden.

There, nestled among the fragrant blooms, was a shy caterpillar munching on a leaf. Elsa's heart skipped a beat as she landed softly beside him.

"Hello there!" she chirped, her voice as soft as a summer breeze.

The caterpillar looked up, his eyes wide with surprise. "Oh, hello," he replied, his voice trembling with uncertainty.

Elsa smiled warmly, her wings shimmering in the sunlight. "I'm Elsa, the ladybug," she said, extending a tiny leg in greeting. "What's your name?"

The caterpillar blinked in disbelief, hardly daring to believe his luck. "I-I'm Carl," he stammered, his voice barely above a whisper.

And so, amidst the colorful blooms and the gentle hum of the garden, Elsa and Carl forged a friendship that would last a lifetime. Together, they would embark on countless adventures, their hearts filled with laughter and joy.

For in the magical world of the garden, where friendships bloomed like flowers and dreams took flight on delicate wings, Elsa had found her truest adventure of all – the adventure of friendship.

Elsas Hemliga Trädgårdsäventyr

En solig morgon fladdrade Elsa, den äventyrliga nyckelpigan, omkring i sin trädgård när något fångade hennes uppmärksamhet – en liten, slingrande stig gömd bakom en klunga av höga solrosor. Nyfikenheten väcktes till liv, och Elsa fladdrade närmare, hennes hjärta bultade av spänning.

Med bestämda fladder av hennes vingar vågade sig Elsa nerför den smala stigen, hennes antenner ryckte av förväntan. Luften var fylld av doften av vildblommor och det avlägsna kvittrandet från syrsor, vilket ledde henne djupare in i trädgårdens hjärta.

När Elsa följde stigen stötte hon på alla sorters hinder – en virvel av taggiga rankor som blockerade hennes väg, en ström som hon var tvungen att korsa och till och med en fallande stam som hon var tvungen att klättra över. Men med varje utmaning vägrade Elsa att ge upp, hennes ande svävade med beslutsamhet.

På vägen gjorde Elsa nya vänner – en glad rödhake som satt på en gren, en vis gammal sköldpadda som låg och solade sig och en lekfull ekorre som flög bland träden. Tillsammans delade de berättelser och skratt, deras vänskap växte starkare för varje ögonblick som gick.

Men precis när Elsa trodde att hennes äventyr inte kunde bli mer spännande, snubblade hon över den mest magnifika synen av alla – en hemlig trädgård gömd djupt inne i skogens hjärta.

Trädgården var i full blom, dess blomsterbäddar sprängfyllda med blommor i alla tänkbara färger.

Överväldigad av glädje dansade Elsa bland blommorna, hennes hjärta sjöng av lycka. Här, mitt i naturens skönhet, hade hon funnit en plats där drömmar blev sanna och äventyr väntade runt varje hörn.

Och när solen doppade under horisonten, kastade en gyllene glans över trädgården, visste Elsa att detta bara var början på hennes största äventyr hittills. Med sina nya vänner vid sin sida fanns det inget hinder för stort, ingen utmaning för svår.

För i den magiska trädgårdens värld, där hemligheter blommade som blommor och mysterier lockade från varje hörn, hade Elsa funnit sitt sannaste äventyr av alla – upptäcktsäventyret.

Elsa's Secret Garden Quest

One sunny morning, Elsa, the adventurous ladybug, was flitting about in her garden when something caught her eye – a small, winding path hidden behind a cluster of tall sunflowers. Curiosity piqued, Elsa fluttered closer, her heart pounding with excitement.

With a determined flutter of her wings, Elsa ventured down the narrow path, her antennae twitching with anticipation. The air was alive with the scent of wildflowers and the distant chirping of crickets, leading her deeper into the heart of the garden.

As Elsa followed the path, she encountered all sorts of obstacles – a tangle of thorny vines blocking her way, a rushing stream she had to cross, and even a fallen log that she had to climb over. But with each challenge, Elsa refused to give up, her spirit soaring with determination.

Along the way, Elsa made new friends – a cheerful robin perched on a branch, a wise old tortoise basking in the sunlight, and a playful squirrel darting among the trees. Together, they shared stories and laughter, their friendship growing stronger with each passing moment.

But just as Elsa thought her adventure couldn't get any more thrilling, she stumbled upon the most magnificent sight of all – a secret garden hidden deep within the heart of the forest.

The garden was ablaze with color, its flower beds bursting with blooms of every hue imaginable.

Overwhelmed with joy, Elsa danced among the flowers, her heart singing with happiness. Here, amidst the beauty of nature, she had found a place where dreams came true and adventures awaited around every corner.

And as the sun dipped below the horizon, casting a golden glow over the garden, Elsa knew that this was just the beginning of her greatest adventure yet. With her newfound friends by her side, there was no obstacle too great, no challenge too daunting.

For in the magical world of the garden, where secrets bloomed like flowers and mysteries beckoned from every corner, Elsa had found her truest adventure of all – the adventure of discovery.

Elsas Trädgårdsupptäckt

I hjärtat av en frodig trädgård, där blommorna dansade i brisen och solskenet kikade genom löven, fladdrade Elsa, den livliga nyckelpigan, från blomma till blomma. En dag, när hon utforskade sina bekanta omgivningar, lade hon märke till en märklig syn – en smal stig som slingrade sig genom vegetationen, skymd av vinrankor och ormbunkar.

Förbryllad av mysteriet om vart den kunde leda, väcktes Elsas äventyrliga anda till liv. Med ett bestämt fladder begav hon sig ut på sitt trädgårdsäventyr, följde den dolda stigen in i det okända.

Stigen krökte och svängde och ledde Elsa djupare in i trädgårdens hjärta. På vägen stötte hon på hinder som testade hennes mod och beslutsamhet. Hon rusade förbi vassa taggar, hoppade över nedfallna grenar och vävde genom tät vegetation, hennes vingar surrade av spänning.

När Elsa fortsatte framåt gjorde hon oväntade upptäckter. En familj myror som skyndade längs stigen blev hennes små allierade och guidade henne genom en labyrint av snärjiga rötter. En vänlig spindel vävde ett delikat nät för att hjälpa henne att korsa en forsande bäck, dess skimrande trådar glittrade i solljuset.

Men det var mötet med en blyg larv vid namn Lars som verkligen värmande Elsas hjärta. Gömd under ett lövtak tvekade Lars att följa med henne på resan. Med mild uppmuntran och en strimma av vänlighet övertygade Elsa Lars att följa med henne, och tillsammans mötte de varje hinder med nyfunnen mod.

Genom uthållighet och teamwork övervann Elsa och hennes nyfunna vänner varje utmaning som trädgården kastade deras väg. Och när de kom ut ur den täta växtligheten möttes de av den mest hisnande synen – en gömd glänta badad i gyllene solljus, där färgglada blommor svajade i brisen och skratt ekade genom luften.

I den stunden, omgiven av vänner gamla och nya, insåg Elsa att de största äventyren inte fanns i avlägsna länder, utan här i hennes egen trädgård. Med ett tacksamt hjärta och en känsla av förundran visste hon att hennes trädgård höll oändliga möjligheter till utforskning och upptäckt.

Och så, med värmen från vänskapen för att lysa upp deras väg, begav sig Elsa och hennes följeslagare framåt in i det okända, ivriga att avslöja de hemligheter som väntade dem i den magiska världen av trädgården.

Elsa's Garden Discovery

In the heart of a lush garden, where flowers danced in the breeze and sunlight dappled through the leaves, Elsa, the spirited ladybug, flitted from petal to petal. One day, as she explored her familiar surroundings, she noticed a peculiar sight – a narrow path winding its way through the foliage, obscured by vines and ferns.

Intrigued by the mystery of where it might lead, Elsa's adventurous spirit sparked to life. With a determined flutter, she embarked on her garden adventure, following the hidden path into the unknown.

The path twisted and turned, leading Elsa deeper into the heart of the garden. Along the way, she encountered obstacles that tested her courage and determination. She darted past prickly thorns, leaped over fallen branches, and wove through dense thickets, her wings buzzing with excitement.

As Elsa pressed on, she made unexpected discoveries. A family of ants scurrying along the path became her tiny allies, guiding her through a maze of tangled roots. A friendly spider spun a delicate web to help her cross a rushing stream, its shimmering strands glinting in the sunlight.

But it was the encounter with a shy caterpillar named Lars that truly warmed Elsa's heart. Tucked away beneath a canopy of leaves, Lars hesitated to join her on the journey. With gentle encouragement and a sprinkle of kindness, Elsa convinced Lars to accompany her, and together they faced each obstacle with newfound courage.

Through perseverance and teamwork, Elsa and her newfound friends overcame every challenge the garden threw their way. And as they emerged from the dense foliage, they were greeted by the most breathtaking sight – a hidden glade bathed in golden sunlight, where colorful flowers swayed in the breeze and laughter echoed through the air.

In that moment, surrounded by friends old and new, Elsa realized that the greatest adventures were not found in distant lands, but right here in her own backyard. With a grateful heart and a sense of wonder, she knew that her garden held endless possibilities for exploration and discovery.

And so, with the warmth of friendship to light their way, Elsa and her companions ventured forth into the unknown, eager to uncover the secrets that awaited them in the magical world of the garden.

Elsa och det Enigmatiska Skatten

I hjärtat av den förtrollande trädgården där Elsa, den orädde nyckelpigan, hade sitt hem, hängde en känsla av spänning i luften. Det var en ljus morgon, och när Elsa fladdrade bland blommorna fångade hennes ögon synen av något som glittrade mitt bland en bädd av färgglada blommor.

Intrigerad landade Elsa mjukt bredvid det mystiska objektet, hennes antenner ryckte av nyfikenhet. Det var en liten, skimrande kula gömd bland blombladen, dess yta speglade färgerna i regnbågen.

Med ett fladder av hennes vingar knuffade Elsa försiktigt på kulan, men den förblev envist stilla, dess hemligheter låsta tätt. Fast besluten att avslöja sanningen, kallade Elsa på sina vänner för hjälp.

Först sökte hon upp Lars, larven, vars skarpa öga för detaljer säkert skulle vara till nytta. Tillsammans undersökte de kulan från varje vinkel, sökte efter ledtrådar som kanske kunde avslöja dess syfte.

Nästa steg var att få Mia, biet, till hjälp, hennes skarpa luktsinne skulle leda dem i deras sökande. Med några försiktiga sniffar upptäckte Mia en svag doft som kom från kulan – en doft av magi och mysterium.

Slutligen vände sig Elsa till Jonas, myran, vars styrka och beslutsamhet skulle vara ovärderliga i deras sökande. Med enade krafter rullade de kulan till en solbelyst glänta, där dess sanna natur skulle avslöjas.

När solskenet dansade på dess yta började kulan skimra och lysa, dess hemligheter kom äntligen fram i ljuset. Med ett mjukt surr vecklade den ut sig till en delikat blomma, dess kronblad vecklades ut för att avslöja en gömd kammare inuti.

Elsa och hennes vänner tittade in, deras ögon vidgades av förundran över skatterna inuti – skimrande kristaller, glittrande ädelstenar och gamla artefakter gömda bland ett bädd av sammet.

Men det var inte bara skatterna som förundrade dem. För i blommans hjärta låg ett meddelande, skrivet i virvlande skrift som tycktes dansa över kronbladen.

"Sökare av under, väktare av drömmar," stod det. "Ni har låst upp trädgårdens hemligheter och bevisat er värdighet av dess skatter. Må era äventyr vara många, och era hjärtan för evigt fyllda av upptäckandets magi."

Med hjärtan fyllda av tacksamhet och förundran visste Elsa och hennes vänner att deras trädgård höll oändliga mysterier som väntade på att avslöjas. Och när de begav sig ut på sitt nästa äventyr gjorde de det med en nyfunnen känsla av syfte och en bindning som aldrig skulle brytas.

Elsa and the Enigmatic Treasure

In the heart of the enchanting garden where Elsa, the intrepid ladybug, made her home, a sense of excitement hung in the air. It was a bright morning, and as Elsa flitted among the blooms, her eyes caught sight of something glittering amidst a bed of vibrant flowers.

Intrigued, Elsa landed softly beside the mysterious object, her antennae twitching with curiosity. It was a small, shimmering orb nestled among the petals, its surface reflecting the colors of the rainbow.

With a flutter of her wings, Elsa gently nudged the orb, but it remained stubbornly still, its secrets locked away tight. Determined to uncover the truth, Elsa called upon her friends for help.

First, she sought out Lars the Caterpillar, his keen eye for detail sure to be of use. Together, they examined the orb from every angle, searching for clues that might reveal its purpose.

Next, Elsa enlisted the help of Mia the Bee, her sharp sense of smell guiding them in their quest. With a few careful sniffs, Mia detected a faint scent emanating from the orb – a scent of magic and mystery.

Finally, Elsa turned to Jonas the Ant, his strength and determination invaluable in their search. With a united effort, they rolled the orb to a sunlit clearing, where its true nature would be revealed.

As the sunlight danced upon its surface, the orb began to shimmer and glow, its secrets finally coming to light. With a soft hum, it unfurled into a delicate flower, its petals unfolding to reveal a hidden chamber within.

Elsa and her friends peered inside, their eyes widening in wonder at the treasures within – shimmering crystals, sparkling gemstones, and ancient artifacts nestled amidst a bed of velvet petals.

But it wasn't just the treasures that amazed them. For within the heart of the flower lay a message, written in swirling script that seemed to dance across the petals.

"Seeker of wonders, guardian of dreams," it read. "You have unlocked the secrets of the garden and proven yourselves worthy of its treasures. May your adventures be many, and your hearts forever filled with the magic of discovery."

With hearts full of gratitude and wonder, Elsa and her friends knew that their garden held endless mysteries waiting to be uncovered. And as they set out on their next adventure, they did so with a newfound sense of purpose and a bond that would never be broken.

Elsas Flykt av Mod

I den fridfulla trädgården där Elsa, den livliga nyckelpigan, fladdrade bland blommorna, brusade en mild bris genom löven och bar med sig löftet om äventyr. Men mitt i skönheten i hennes omgivningar bar Elsa på en hemlig rädsla – en rädsla för att flyga högt.

Så länge hon kunde minnas hade Elsa hållit sig nära marken när hon flög, hennes vingar fladdrade tveksamt när hon navigerade trädgården nedanför. Men djupt inom henne längtade hon att sväva bland molnen, att känna vinden rusa under hennes vingar.

En solig morgon, när Elsa såg en flock fåglar sväva graciöst över henne, tog hon ett beslut – det var dags att möta sin rädsla och lära sig att flyga högt. Med ett bestämt fladder steg hon upp i skyn, hennes hjärta bultade av förväntan.

Till en början var Elsas flygningar tveksamma och skakiga, hennes vingar darrade av osäkerhet. Men med varje försök blev hon mer beslutsam, hennes själ drivs av önskan att erövra himlen.

Med hjälp av sina vänner – Lars larven, Mia biet och Jonas myran – påbörjade Elsa en resa av självupptäckt, övade outtröttligt tills hennes vingar blev starka och stadiga.

Tillsammans svävade de genom trädgården, vävde mellan grenarna och dansade bland blommorna, deras skratt ekade genom luften. Och för varje dag som gick kände Elsa att hennes rädsla smälte bort, ersatt av en känsla av upprymdhet och frihet.

Men det var under en stormig natt, med blixtrar som lyste och åskan som mullrade ovanför, som Elsa mötte sitt största prov hittills. När vinden tjöt och regnet piskade mot löven visste Elsa att hon måste samla all sin mod för att klara stormen.

Med ett djupt andetag och ett fladder av hennes vingar steg Elsa upp i skyn, hennes hjärta rusade när hon svävade genom ovädret. Och när hon kom ut på andra sidan, genomblöt men triumferande, visste hon att hon hade övervunnit sin rädsla en gång för alla.

Från den dagen flög Elsa med en nyfunnen tilltro, hennes vingar bar henne till höjder hon aldrig drömt om. Och när hon dansade bland molnen fylldes hennes hjärta av tacksamhet för den resa som hade fört henne till detta ögonblick – en resa av mod, beslutsamhet och den outplånliga vänskapsbandet.

Elsa's Flight of Courage

In the tranquil garden where Elsa, the spirited ladybug, flitted among the flowers, a gentle breeze rustled the leaves, carrying with it the promise of adventure. But amidst the beauty of her surroundings, Elsa harbored a secret fear – a fear of flying high.

For as long as she could remember, Elsa had kept her flights close to the ground, her wings fluttering timidly as she navigated the garden below. But deep within her heart, she longed to soar among the clouds, to feel the rush of the wind beneath her wings.

One sunny morning, as Elsa watched a flock of birds soaring gracefully overhead, she made a decision – it was time to face her fear and learn to fly high. With a determined flutter, she took to the skies, her heart pounding with anticipation.

At first, Elsa's flights were hesitant and shaky, her wings quivering with uncertainty. But with each attempt, she grew more determined, her spirit fueled by the desire to conquer the sky.

With the help of her friends – Lars the Caterpillar, Mia the Bee, and Jonas the Ant – Elsa embarked on a journey of self-discovery, practicing tirelessly until her wings grew strong and steady.

Together, they soared through the garden, weaving through the branches and dancing among the flowers, their laughter echoing through the air. And with each passing day, Elsa felt her fear melting away, replaced by a sense of exhilaration and freedom.

But it was during a stormy night, with lightning flashing and thunder rumbling overhead, that Elsa faced her greatest challenge yet. As the wind howled and the rain lashed against the leaves, Elsa knew that she had to summon all of her courage to weather the storm.

With a deep breath and a flutter of her wings, Elsa took to the sky, her heart racing as she soared through the tempest. And as she emerged on the other side, rain-soaked but triumphant, she knew that she had conquered her fear once and for all.

From that day forward, Elsa flew with a newfound confidence, her wings carrying her to heights she had never dreamed possible. And as she danced among the clouds, her heart filled with gratitude for the journey that had brought her to this moment – a journey of courage, determination, and the unshakeable bond of friendship.

Elsas Medkännande Uppdrag

I hjärtat av den livliga trädgården, där blommor blommade i en explosion av färger och insekter surrade av spänning, stod Elsa, den vänliga nyckelpigan, inför en ny utmaning – en bortkommen larv vid namn Oliver.

När Elsa fladdrade bland blommorna snubblade hon på Oliver, hans lilla kropp vred sig i obehag när han sökte efter vägen hem. Med ett mjukt leende landade Elsa bredvid honom, hennes hjärta svällde av medlidande.

"Hej där, lilla vän," kvittrade hon, hennes röst mjuk och lugnande. "Är du vilse?"

Oliver tittade upp, hans ögon vida av oro. "Ja," svarade han, hans röst darrande. "Jag vandrade bort från mitt hem, och nu kan jag inte hitta tillbaka."

Fast besluten att hjälpa Oliver att hitta hem erbjöd Elsa honom sin hjälp, hennes vingar surrade av beslutsamhet. Tillsammans påbörjade de en resa genom trädgården, vävande mellan blommorna och undvikande hinder längs vägen.

När de fördjupade sig i trädgården stötte Elsa och Oliver på alla möjliga utmaningar – en forsande bäck de måste korsa, en taggig snårskog de måste navigera genom och till och med en busig ekorre som försökte leda dem vilse.

Men med varje hinder de stod inför växte Elsa och Oliver närmare varandra, deras band stärktes av deras gemensamma beslutsamhet att övervinna motgångar. Och när de arbetade tillsammans för att övervinna varje utmaning upptäckte de den verkliga innebörden av vänskap och vikten av att hjälpa andra i nöd.

Till sist, efter vad som verkade som en evighet, snubblade Elsa och Oliver på en bekant plätt av blad – Olivers hem. Med ett glädjefullt skrik vred Oliver sig in i säkerheten i sitt hem, hans hjärta fyllt av tacksamhet för Elsas vänlighet och medlidande.

När Elsa såg Oliver försvinna in i tryggheten i sitt hem svällde hennes hjärta av stolthet. För genom att hjälpa Oliver att hitta hem hade hon upptäckt den verkliga kraften i vänskap – en kraft som inte kände några gränser och kunde övervinna alla hinder.

Och när hon flög genom trädgården, hennes vingar bar henne till nya äventyr, visste Elsa att hon alltid skulle vara redo att sträcka ut en hjälpande hand till dem i nöd, vägledd av det medkännande och den vänlighet som hade lett henne till detta triumfmoment.

Elsa's Compassionate Quest

In the heart of the bustling garden, where flowers bloomed in a riot of colors and insects buzzed with excitement, Elsa, the kind-hearted ladybug, found herself faced with a new challenge – a lost caterpillar named Oliver.

As Elsa fluttered among the flowers, she stumbled upon Oliver, his tiny body wriggling with distress as he searched for a way home. With a gentle smile, Elsa landed beside him, her heart swelling with compassion.

"Hello there, little friend," she chirped, her voice soft and soothing. "Are you lost?"

Oliver looked up, his eyes wide with worry. "Yes," he replied, his voice trembling. "I wandered away from my home, and now I can't find my way back."

Determined to help Oliver find his way, Elsa offered him her assistance, her wings buzzing with determination. Together, they embarked on a journey through the garden, weaving between the flowers and dodging obstacles along the way.

As they ventured deeper into the garden, Elsa and Oliver encountered all sorts of challenges – a rushing stream they had to cross, a thorny thicket they had to navigate, and even a mischievous squirrel who tried to lead them astray.

But with each obstacle they faced, Elsa and Oliver grew closer, their bond strengthened by their shared determination to overcome adversity. And as they worked together to overcome each challenge, they discovered the true meaning of friendship and the importance of helping others in need.

Finally, after what seemed like an eternity, Elsa and Oliver stumbled upon a familiar patch of leaves – Oliver's home. With a joyful squeal, Oliver wriggled his way inside, his heart filled with gratitude for Elsa's kindness and compassion.

As Elsa watched Oliver disappear into the safety of his home, her heart swelled with pride. For in helping Oliver find his way, she had discovered the true power of friendship – a power that knew no bounds and could overcome any obstacle.

And as she soared through the garden, her wings carrying her to new adventures, Elsa knew that she would always be ready to lend a helping hand to those in need, guided by the compassion and kindness that had led her to this moment of triumph.

Elsas Himmelska Äventyr

I den lugna trädgården där blommorna sov under ett täcke av månsken fann sig Elsa, den nyfikna nyckelpigan, oförmögen att somna. Nattens himmel lockade henne med sina glittrande stjärnor och skimrande stjärnbilder, och Elsa visste att hon inte kunde motstå dess lockrop.

Med bestämda vingslag vågade sig Elsa ut i mörkret, hennes ögon skannade himlen ovanför. När hon stirrade upp mot stjärnorna sköljde en känsla av förundran över henne och fyllde hennes hjärta med spänning och vördnad.

Under timmar dansade Elsa bland blommorna, hennes ögon fästa på det himmelska skådespelet ovanför. Hon följde mönstren av stjärnbilderna, vävde historier om hjältar och legender när hon följde punkterna på himlen.

Men det var en stjärnfall som fångade Elsas uppmärksamhet, dess eldiga svans som strök över natthimlen som en blixt av blixt. Med ett glädjetjut stängde Elsa sina ögon och gjorde en önskan, hennes hjärta svävande av hopp och möjlighet.

När hon såg stjärnfallet försvinna in i mörkret kände Elsa en känsla av frid skölja över henne. I den stunden visste hon att allt var möjligt – att drömmar kunde bli verklighet om bara du vågade tro.

Och när de första gryningsljuset började måla himlen i nyanser av rosa och guld återvände Elsa till sin blomsterbädd, hennes hjärta överflödande av tacksamhet för nattens skönhet och stjärnornas magi.

För i de tysta stunderna under det himmelska taket hade Elsa upptäckt en sanning så gammal som tiden själv – att universum var stort och underbart, och att även de minsta varelserna kunde drömma om att sträcka sig efter stjärnorna. Och när hon somnade fylld av drömmar om avlägsna galaxer och oupptäckta världar visste Elsa att hon för alltid skulle vårda minnet av sitt himmelska äventyr.

Elsa's Celestial Adventure

In the tranquil garden where flowers slept beneath a blanket of moonlight, Elsa, the curious ladybug, found herself unable to drift off to sleep. The night sky beckoned to her with its twinkling stars and shimmering constellations, and Elsa knew that she couldn't resist its call.

With a determined flutter of her wings, Elsa ventured out into the darkness, her eyes scanning the heavens above. As she gazed up at the stars, a sense of wonder washed over her, filling her heart with excitement and awe.

For hours, Elsa danced among the flowers, her eyes fixed on the celestial display above. She traced the patterns of the constellations, weaving stories of heroes and legends as she connected the dots in the sky.

But it was a shooting star that captured Elsa's attention, its fiery tail streaking across the night sky like a bolt of lightning. With a gasp of delight, Elsa closed her eyes and made a wish, her heart soaring with hope and possibility.

As she watched the shooting star disappear into the darkness, Elsa felt a sense of peace wash over her. In that moment, she knew that anything was possible – that dreams could come true if only you dared to believe.

And as the first light of dawn began to paint the sky with shades of pink and gold, Elsa returned to her flower bed, her heart brimming with gratitude for the beauty of the night and the magic of the stars.

For in the quiet moments beneath the celestial canopy, Elsa had discovered a truth as old as time itself – that the universe was vast and wondrous, and that even the smallest of creatures could dream of reaching for the stars. And as she drifted off to sleep, her dreams filled with visions of distant galaxies and undiscovered worlds, Elsa knew that she would forever cherish the memory of her celestial adventure.

Elsas Regniga Dagsnöje

När regndroppar prasslade mot trädgårdens löv fann sig Elsa, den livliga nyckelpigan, inför ett dilemma – hur spendera en regnig dag inomhus. Men Elsa var inte en som lät lite regn dämpa hennes humör. Med en lekfull glimt i ögat kallade hon på sina vänner för ett inomhusäventyr utan dess like.

Samlade i det mysiga skyddet av Elsas blomsterbädd väntade Lars larven, Mia biet och Jonas myran ivrigt på sitt regniga dagsäventyr. Med det mjuka prasslet av regnet som gav en lugnande bakgrund avslöjade Elsa sin plan för dagen – en serie av fantasifulla spel och aktiviteter som skulle föra dem till världar bortom deras vildaste drömmar.

Först förvandlade de Elsas blomsterbädd till ett storslaget slott, dess blad bildande höga spiror och majestätiska torn. Med en stänk av magiskt stoft och en viftning av Elsas vinge tog de på sig improviserade kronor och kungliga kappor, deras skratt ekande genom luften när de begav sig ut på ett storslaget äventyr passande för kungar och drottningar.

Nästa förvandlade de Elsas blomsterbädd till en livlig marknad, dess blad blomstrande med färgglada stånd och exotiska skatter. Med en virvel av aktivitet och en kör av röster prutade de och förhandlade, handlade med imaginära varor och delade berättelser om avlägsna länder.

Men det var deras sista förvandling som verkligen fångade deras fantasi – Elsas blomsterbädd blev en magisk skog, dess blad bildande ett tak av grönt och guld. Med en känsla av förundran och beundran vågade de sig in i skogens djup, deras hjärtan bultande av spänning när de stötte på mytiska varelser och gömda skatter.

Medan regnet fortsatte att falla utanför njöt Elsa och hennes vänner av magin i deras inomhusäventyr, deras fantasi svävande till nya höjder för varje ögonblick som passerade. För i det mysiga skyddet av deras blomsterbädd hade de upptäckt den sanna kraften i vänskap och de oändliga möjligheter som låg inom den gränslösa riket av fantasin.

Och när regndropparna dansade mot fönstren visste Elsa och hennes vänner att deras regniga dagsäventyr skulle vara ett minne att vårda i många år framöver – ett vittnesmål om kreativitetens magi och glädjen att dela den med dem man håller kära.

Elsa's Rainy Day Delight

As raindrops pattered against the leaves of the garden, Elsa, the spirited ladybug, found herself faced with a dilemma – how to spend a rainy day indoors. But Elsa was not one to let a little rain dampen her spirits. With a mischievous twinkle in her eye, she called upon her friends for an indoor adventure unlike any other.

Gathering in the cozy shelter of Elsa's flower bed, Lars the Caterpillar, Mia the Bee, and Jonas the Ant eagerly awaited their rainy day escapade. With the soft patter of rain providing a soothing backdrop, Elsa revealed her plan for the day – a series of imaginative games and activities that would transport them to worlds beyond their wildest dreams.

First, they transformed Elsa's flower bed into a grand castle, its petals forming towering spires and majestic turrets. With a sprinkle of magic dust and a wave of Elsa's wing, they donned makeshift crowns and royal robes, their laughter echoing through the air as they embarked on a grand adventure fit for kings and queens.

Next, they transformed Elsa's flower bed into a bustling marketplace, its petals blooming with colorful stalls and exotic treasures. With a whirl of activity and a chorus of voices, they haggled and bartered, trading imaginary goods and sharing tales of far-off lands.

But it was their final transformation that truly captured their imagination – Elsa's flower bed became a magical forest, its petals forming a canopy of green and gold. With a sense of wonder and awe, they ventured into the depths of the forest, their hearts racing with excitement as they encountered mythical creatures and hidden treasures.

As the rain continued to fall outside, Elsa and her friends reveled in the magic of their indoor adventure, their imaginations soaring to new heights with each passing moment. For in the cozy shelter of their flower bed, they had discovered the true power of friendship and the endless possibilities that lay within the boundless realm of the imagination.

And as the raindrops danced against the windows, Elsa and her friends knew that their rainy day adventure would be a memory cherished for years to come – a testament to the magic of creativity and the joy of sharing it with those you hold dear.

Elsa's Magiska Picnic

I hjärtat av trädgården, där blommorna blommade i en explosion av färger och luften fylldes av den söta doften av nektar, beslutade Elsa, den äventyrliga nyckelpigan, att planera en magisk picknick för sina vänner.

En solig morgon, när Elsa fladdrade bland blommorna, märkte hon en perfekt plats som var gömd under skuggan av en mäktig ek. Inspirerad av tanken på en picknick, spred hon ut sina delikata vingar och flög iväg för att samla förnödenheter.

Först besökte Elsa Lars, larven, som var en expert på att leta efter mat. Tillsammans samlade de en rik samling av frukter, bär och nötter från trädgården, deras skratt fyllde luften medan de delade berättelser om sina favoritpicknickminnen.

Nästa gick Elsa till Mia, biet, som visste de bästa platserna att hitta vilda blommor. Med Mias vägledning samlade de armar fulla av färgglada blommor för att dekorera sin picknickplats, vävde girlanger och buketter som skulle blända ögonen på deras gäster.

Slutligen anlitade Elsa Jonas, myran, vars styrka och påhittighet var oöverträffad. Med Jonas i spetsen konstruerade de en mysig filtfästning under ekträdet, komplett med kuddar och kuddar för avslappning i bekvämlighet.

När solen nådde sin höjdpunkt på himlen samlades Elsa och hennes vänner vid sin picknickplats, deras hjärtan fyllda av spänning. De festade på läckra godsaker, dansade bland blommorna och delade berättelser om sina favoritäventyr i trädgården.

Men det var när de slog sig ner för att njuta av den varma eftermiddagssolen som något verkligt magiskt hände. Med ett svep av hennes vinge frammanade Elsa en mjuk bris som förde med sig doften av vilda blommor och de mjuka tonerna av musik genom luften.

När de lyssnade på den förtrollande melodin kände Elsa och hennes vänner en känsla av förundran skölja över dem. För i den stunden visste de att deras picknick var mer än bara en sammankomst av vänner - det var en hyllning till skönheten och magin i trädgården som de kallade sitt hem.

Och när de såg solen sjunka ned under horisonten, kastandes ett gyllene sken över blommorna och träden, visste Elsa och hennes vänner att de skulle vårda minnena av sin magiska picknick för evigt. För i trädgårdens drömmar, där skratt ekade och vänskap blommade som blommorna på våren, hade Elsa upptäckt den sanna glädjen i att dela speciella stunder med dem hon älskade mest.

Elsa's Magical Picnic

In the heart of the garden, where the flowers bloomed in a riot of colors and the air was filled with the sweet scent of nectar, Elsa, the adventurous ladybug, decided to plan a magical picnic for her friends.

One sunny morning, as Elsa flitted among the blossoms, she noticed a perfect spot nestled beneath the shade of a towering oak tree. Inspired by the idea of a picnic, she spread her delicate wings and flew off to gather supplies.

First, Elsa visited Lars the Caterpillar, who was an expert forager. Together, they collected a bountiful array of fruits, berries, and nuts from the garden, their laughter filling the air as they shared stories of their favorite picnic memories.

Next, Elsa sought out Mia the Bee, who knew the best spots to find wildflowers. With Mia's guidance, they gathered armfuls of colorful blooms to decorate their picnic area, weaving garlands and bouquets that would dazzle the eyes of their guests.

Finally, Elsa enlisted the help of Jonas the Ant, whose strength and ingenuity were unmatched. With Jonas leading the way, they constructed a cozy blanket fort beneath the oak tree, complete with cushions and pillows for lounging in comfort.

As the sun reached its peak in the sky, Elsa and her friends gathered at their picnic spot, their hearts brimming with excitement. They feasted on delicious treats, danced among the flowers, and shared tales of their favorite adventures in the garden.

But it was as they settled down to enjoy the warmth of the afternoon sun that something truly magical happened. With a wave of her wing, Elsa conjured a gentle breeze that carried the scent of wildflowers and the soft strains of music through the air.

As they listened to the enchanting melody, Elsa and her friends felt a sense of wonder wash over them. For in that moment, they knew that their picnic was more than just a gathering of friends – it was a celebration of the beauty and magic of the garden they called home.

And as they watched the sun dip below the horizon, casting a golden glow over the flowers and trees, Elsa and her friends knew that they would cherish the memories of their magical picnic forever. For in the garden of dreams, where laughter echoed and friendship bloomed like the flowers in spring, Elsa had discovered the true joy of sharing special moments with those she loved most.

Elsas Musikaliska Trädgård

I trädgårdens hjärta, där blommorna svajade i harmoni med brisen och solskenet målade melodier över löven, fann sig Elsa, den musikaliska nyckelpigan, förtrollad av en ny upptäckt – musikens magi.

En solig morgon, när Elsa fladdrade bland blombladen, snubblade hon över en klunga klockor gömda bland lövverket. Intrigerad av det delikata klingande ljudet de gjorde i vinden, landade Elsa mjukt bredvid dem, hennes antenner ryckande av nyfikenhet.

När hon lyssnade på klockornas melodi, kände Elsa en rörelse i sitt hjärta – en längtan att skapa sin egen musik och dela den med världen. Med ett bestämt fladdrande av sina vingar begav hon sig ut på en resa för att samla musikinstrument från sina vänner i trädgården.

Först besökte hon Lars larven, som hade en talang för rytm och takt. Tillsammans skapade de trummor av urgröpta ekollon och pinnar, deras skratt blandande sig med trumslagens stadiga dunkande.

Nästa, sökte Elsa upp Mia, bina, vars surrande vingar kunde bära en melodi som ingen annan. Med några försiktiga vridningar och vändningar formade de flöjter av gräsblad och blomblad, deras melodier svävande på vinden som en mild vaggvisa.

Slutligen vände sig Elsa till Jonas, myran, vars styrka och beslutsamhet var oöverträffad. Med hans hjälp konstruerade de gitarrer av kvistar och spindelsilke, deras strängar resonans med det lilla fingernas strummande.

När solen började gå ner på horisonten samlades Elsa och hennes vänner i trädgårdens hjärta, deras improviserade instrument i handen. Med en nick och ett leende höjde Elsa sin dirigentpinne – en grässtrå trimmad till perfektion – och började dirigerar.

Tillsammans spelade de en symfoni av naturen – lövens prassel, syrsornas kvittrande och bina mjuka surrande – som blandades med melodierna från deras instrument för att skapa ett harmoniskt mästerverk som eko genom trädgården.

Och när stjärnorna gnistrade ovanför och månen kastade sin milda glöd över jorden visste Elsa att hon hade upptäckt musikens sanna magi – kraften att bringa glädje, harmoni och enhet till alla som lyssnade.

För i den musikaliska trädgårdens drömvärld, där melodierna dansade på vinden och rytmerna pulserade med liv, hade Elsa funnit sin sannaste äventyr än – äventyret att skapa musik och dela den med världen.

Elsa's Musical Garden

In the heart of the garden, where flowers swayed in harmony with the breeze and sunlight painted melodies across the leaves, Elsa, the musical ladybug, found herself enchanted by a new discovery – the magic of music.

One sunny morning, as Elsa flitted among the blossoms, she stumbled upon a cluster of chimes hidden amidst the foliage. Intrigued by the delicate tinkling sound they made in the wind, Elsa landed softly beside them, her antennae twitching with curiosity.

As she listened to the melody of the chimes, Elsa felt a stirring in her heart – a desire to create her own music and share it with the world. With a determined flutter of her wings, she set out on a quest to gather musical instruments from her friends in the garden.

First, she visited Lars the Caterpillar, who had a talent for rhythm and beat. Together, they crafted drums from hollowed-out acorns and sticks, their laughter mingling with the steady thump-thump-thump of the drumbeat.

Next, Elsa sought out Mia the Bee, whose buzzing wings could carry a tune like no other. With a few careful twists and turns, they fashioned flutes from blades of grass and flower petals, their melodies floating on the breeze like a gentle lullaby.

Finally, Elsa turned to Jonas the Ant, whose strength and determination were unmatched. With his help, they constructed guitars from twigs and spider silk, their strings resonating with the strumming of their tiny fingers.

As the sun began to set on the horizon, Elsa and her friends gathered in the heart of the garden, their makeshift instruments in hand. With a nod and a smile, Elsa raised her baton – a blade of grass trimmed to perfection – and began to conduct.

Together, they played a symphony of nature – the rustle of leaves, the chirping of crickets, and the gentle hum of bees – blending with the melody of their instruments to create a harmonious masterpiece that echoed through the garden.

And as the stars twinkled overhead and the moon cast its gentle glow upon the earth, Elsa knew that she had discovered the true magic of music – the power to bring joy, harmony, and unity to all who listened.

For in the musical garden of dreams, where melodies danced on the wind and rhythms pulsed with life, Elsa had found her truest adventure yet – the adventure of creating music and sharing it with the world.

Elsas Snöiga Överraskning

I trädgårdens hjärta, där blommorna vilade under ett täcke av snö och istapparna glittrade i solskenet, fann sig Elsa, den äventyrliga nyckelpigan, inför en underbar syn – hennes första upplevelse av snö.

Med ett glädjetjut fladdrade Elsa bland snöflingorna, hennes vingar pirrande av spänning när hon dansade genom vinterlandskapet. Varje snöflinga var ett under av naturen, ömtåligt och unikt, och Elsa kunde inte låta bli att förundras över deras skönhet.

När hon utforskade det snöiga landskapet mötte Elsa sina vänner – Lars larven, Mia biet och Jonas myran – som hade samlats för att dela i ögonblickets magi. Tillsammans förundrades de över vinterns under, deras skratt ekade genom den krispiga, kalla luften.

Men det var deras upptäckt av en spark som gömts under en snöhög som verkligen fångade deras fantasi. Med ett glädjerop klättrade Elsa och hennes vänner upp på sparken, deras hjärtan bultande av spänning när de förberedde sig för sitt första slädfärdäventyr.

Med en mäktig knuff satte de iväg nerför den snöiga sluttningen, hojtande och jublande när de for fram genom vinterlandskapet.

Vinden visslade genom deras hår, och snön for under deras fötter, lämnande efter sig ett spår av skratt och glädje.

När de nådde botten av sluttningen, andfådda och upphetsade, kollapsade Elsa och hennes vänner i en hög av snö, deras kinder rodnade av spänning. För i den stunden visste de att de hade upplevt något verkligt magiskt – glädjen av att utforska ett vinterlandskap med dem man älskar.

Och när de blickade upp mot himlen, där snöflingorna fortsatte att falla som små mirakel från ovan, visste Elsa att hon för alltid skulle vårda minnet av sitt första snöiga äventyr. För i drömmarnas trädgård, där magin dansade på brisen och underverk väntade vid varje sväng, hade Elsa upptäckt den verkliga innebörden av vintern – en säsong av glädje, vänskap och oändliga möjligheter.

Elsa's Snowy Surprise

In the heart of the garden, where flowers slumbered beneath a blanket of snow and icicles glistened in the sunlight, Elsa, the adventurous ladybug, found herself faced with a wondrous sight – her first experience of snow.

With a gasp of delight, Elsa fluttered among the snowflakes, her wings tingling with excitement as she danced through the winter wonderland. Each snowflake was a marvel of nature, delicate and unique, and Elsa couldn't help but marvel at their beauty.

As she explored the snowy landscape, Elsa encountered her friends – Lars the Caterpillar, Mia the Bee, and Jonas the Ant – who had gathered to share in the magic of the moment. Together, they marveled at the wonders of winter, their laughter echoing through the crisp, cold air.

But it was their discovery of a sled hidden beneath a mound of snow that truly captured their imagination. With a gleeful shout, Elsa and her friends clambered onto the sled, their hearts racing with excitement as they prepared for their first sledding adventure.

With a mighty push, they set off down the snowy hillside, whooping and cheering as they sped through the winter landscape. The wind whipped through their hair, and the snow flew beneath their feet, leaving a trail of laughter and joy in their wake.

As they reached the bottom of the hill, breathless and exhilarated, Elsa and her friends collapsed in a heap of snow, their cheeks flushed with excitement. For in that moment, they knew that they had experienced something truly magical – the joy of exploring a winter wonderland with the ones you love.

And as they gazed up at the sky, where snowflakes continued to fall like tiny miracles from above, Elsa knew that she would forever cherish the memory of her first snowy adventure. For in the garden of dreams, where magic danced on the breeze and wonders awaited at every turn, Elsa had discovered the true meaning of winter – a season of joy, of friendship, and of endless possibility.

Elsas Trädgårdsteater

I hjärtat av den färgstarka trädgården, där färger dansade med vinden och solen målade berättelser på varje blomblad, upptäckte Elsa, den fantasifulla nyckelpigan, en ny passion – teaterns magi.

En solig eftermiddag, när Elsa fladdrade bland blommorna, snubblade hon över en gammal, glömd scen gömd under ett tak av löv. Nyfiken på de möjligheter den erbjöd, landade Elsa mjukt på de väderbitna plankorna, hennes antenner surrade av spänning.

När hon utforskade scenen, såg Elsa storslagna produktioner och dundrande föreställningar framför sig som skulle sprida glädje till alla som tittade. Med ett bestämt flaxande av hennes vingar, satte hon igång att engagera sina vänner i trädgården för att hjälpa till att förverkliga hennes teaterdrömmar.

Först sökte hon upp Lars, larven, som hade en talang för berättande. Tillsammans skapade de manus fyllda med äventyr, skratt och hjärtevärmande berättelser som skulle fascinera unga och gamla.

Nästa rekryterade Elsa Mia, biet, vars melodiska röst kunde förtrolla även den mest skeptiska lyssnaren. Med hennes hjälp komponerade de sånger som skulle väcka scenen till liv med musik och magi, fylla luften med melodier som skulle dröja sig kvar i hjärtan av alla som hörde dem.

Slutligen engagerade Elsa Jonas, myran, vars kreativitet inte kände några gränser. Med hans expertis inom scenografi och konstruktion förvandlade de den gamla scenen till en glittrande spektakel, komplett med intrikata rekvisita och levande bakgrunder som skulle transportera publiken till avlägsna länder och förtrollande världar.

När solen började sjunka ner mot horisonten samlades Elsa och hennes vänner på scenen, deras hjärtan bultade av förväntan. Med en nick och ett leende höjde Elsa sin batong – en grässtrå trimmad till perfektion – och gav startsignal till föreställningen.

Tillsammans framförde de med passion och hängivenhet, deras röster steg i sång och deras rörelser var graciösa och flytande. Och när de tog sina sista bugningar, omgivna av applåder från sina medträdgårdsbor, visste Elsa att hon hade upptäckt teaterns verkliga magi – kraften att transportera, inspirera och förena.

För i drömmarnas trädgård, där fantasin inte kände några gränser och kreativiteten blommade som blommorna i blom, hade Elsa funnit sin sannaste äventyr hittills – äventyret att sprida glädje och förundran till alla som delade hennes teaterdröm.

Elsa's Garden Theater

In the heart of the vibrant garden, where colors danced with the wind and the sun painted stories on every petal, Elsa, the imaginative ladybug, discovered a new passion – the magic of theater.

One sunny afternoon, as Elsa fluttered among the flowers, she stumbled upon an old, forgotten stage nestled beneath a canopy of leaves. Intrigued by the possibilities it held, Elsa landed softly on the weathered boards, her antennae buzzing with excitement.

As she explored the stage, Elsa envisioned grand productions and dazzling performances that would bring joy to all who watched. With a determined flutter of her wings, she set out to enlist her friends in the garden to help bring her theatrical dreams to life.

First, she sought out Lars the Caterpillar, who had a knack for storytelling. Together, they crafted scripts filled with adventure, laughter, and heartwarming tales that would captivate audiences young and old.

Next, Elsa recruited Mia the Bee, whose melodious voice could enchant even the most skeptical listener. With her help, they composed songs that would set the stage alive with music and magic, filling the air with melodies that would linger in the hearts of all who heard them.

Finally, Elsa enlisted the help of Jonas the Ant, whose creativity knew no bounds. With his expertise in set design and construction, they transformed the old stage into a dazzling spectacle, complete with intricate props and vibrant backdrops that would transport audiences to far-off lands and enchanting worlds.

As the sun began to set on the horizon, Elsa and her friends gathered on the stage, their hearts racing with anticipation. With a nod and a smile, Elsa raised her baton – a blade of grass trimmed to perfection – and signaled the start of the show.

Together, they performed with passion and dedication, their voices rising in song and their movements graceful and fluid. And as they took their final bows, surrounded by the applause of their fellow garden dwellers, Elsa knew that she had discovered the true magic of theater – the power to transport, inspire, and unite.

For in the garden of dreams, where imagination knew no bounds and creativity flourished like the flowers in bloom, Elsa had found her truest adventure yet – the adventure of bringing joy and wonder to all who shared in her theatrical vision.

Elsas Födelsedagsfirande

I trädgårdens hjärta, där blommorna blommade i levande färger och fjärilar fladdrade bland kronbladen, låg en känsla av spänning i luften. För det var en speciell dag – Elsas födelsedag.

Ovetandes om det hade Elsas vänner varit upptagna med att planera en överraskningsfest för att fira tillfället. Lars larven, Mia biet och Jonas myran hade arbetat outtröttligt för att förbereda dekorationer, godsaker och lekar som passade för en födelsedagsfest som ingen annan.

När solen började gå ner vid horisonten återvände Elsa till sin blomsterbädd, hennes hjärta fyllt av tillfredsställelse efter en dag spenderad med att utforska trädgården. Men när hon kom in i sin mysiga bostad möttes hon av en oväntad syn – hennes vänner, samlade runt ett bord smyckat med serpentiner och ballonger, med leenden som lyste upp natten.

Med ett överraskat tjut vidgades Elsas ögon i förtjusning när hon insåg vad som hände – hennes vänner hade planerat en födelsedagsfest bara för henne. Tårar av glädje trängde fram i hennes ögon när hon omfamnade var och en av dem, överväldigad av kärleken och vänligheten de hade visat henne.

När festen började på allvar svämmade Elsas hjärta över av tacksamhet för vänskapen hon delade med Lars, Mia och Jonas. Tillsammans skrattade och dansade de under den stjärnklara himlen, deras röster blandandes med den mjuka susningen från löven och de mjuka kvitterna från syrsorna.

Men det var ögonblicket när hennes vänner överlämnade henne ett handgjort kort, fyllt med hjärtliga meddelanden och minnen från deras äventyr tillsammans, som verkligen rörde Elsas hjärta. För i den enkla gesten visste hon att hon var älskad och uppskattad bortom måttet.

När natten led mot sitt slut och stjärnorna glittrade ovanför gjorde Elsa en önskan – en önskan om många fler år av vänskap och äventyr med sina älskade kamrater. Och när hon blåste ut ljusen på sin födelsedagstårta, omgiven av värmen från sina vänner och trädgårdens sken, visste hon att hennes hjärta för alltid skulle vara fyllt av tacksamhet för gåvan av deras vänskap.

Elsa's Birthday Bash

In the heart of the garden, where flowers bloomed in vibrant hues and butterflies flitted among the petals, a sense of excitement hung in the air. For it was a special day – Elsa's birthday.

Unbeknownst to Elsa, her friends had been busy planning a surprise party to celebrate the occasion. Lars the Caterpillar, Mia the Bee, and Jonas the Ant had worked tirelessly to prepare decorations, treats, and games fit for a birthday celebration like no other.

As the sun began to set on the horizon, Elsa returned to her flower bed, her heart filled with contentment after a day spent exploring the garden. But as she entered her cozy abode, she was met with an unexpected sight – her friends, gathered around a table adorned with streamers and balloons, wearing smiles that lit up the night.

With a gasp of surprise, Elsa's eyes widened in delight as she realized what was happening – her friends had planned a birthday party just for her. Tears of joy welled in her eyes as she embraced each of them in turn, overwhelmed by the love and kindness they had shown her.

As the party began in earnest, Elsa's heart swelled with gratitude for the friendship she shared with Lars, Mia, and Jonas.

Together, they laughed and danced beneath the starry sky, their voices mingling with the gentle rustle of leaves and the soft chirping of crickets.

But it was the moment when her friends presented her with a handmade card, filled with heartfelt messages and memories of their adventures together, that truly touched Elsa's heart. For in that simple gesture, she knew that she was loved and cherished beyond measure.

As the night wore on and the stars twinkled overhead, Elsa made a wish – a wish for many more years of friendship and adventure with her beloved companions. And as she blew out the candles on her birthday cake, surrounded by the warmth of her friends and the glow of the garden, she knew that her heart would forever be filled with gratitude for the gift of their friendship.

Elsas Avsked och Nytt Kapitel

I hjärtat av den bekanta trädgården, där blommorna gungade i den milda brisen och solskenet dansade på bladen, fann sig Elsa, den livliga nyckelpigan, inför en bitterljuv stund – nyheten att hennes familj skulle flytta till en ny trädgård.

När orden slog rot i hennes hjärta kände Elsa en stungande sorg skölja över henne. Trädgården hade varit hennes hem så länge hon kunde minnas, fylld av minnen av skratt, vänskap och ändlösa äventyr. Men mitt i sorgen fladdrade en gnista av spänning inom henne – löftet om nya början, nya äventyr och nya vänskaper som väntade på att upptäckas.

Med ett tungt hjärta tog Elsa farväl av sin älskade blomsterbädd, platsen där hon hade tillbringat otaliga timmar med att utforska och drömma under stjärnorna. Hon sa adjö till Lars larven, Mia biet och Jonas myran, hennes älskade kamrater som hade delat hennes glädje och triumfer.

Men när Elsa spred sina vingar och förberedde sig för att ge sig iväg till den nya trädgården visste hon att hon bar med sig minnena och de lärdomar hon lärt sig i ungdomens trädgård. För i drömmarnas trädgård, där magin blommade med varje kronblad och naturens skönhet viskade hemligheter i vinden, hade Elsa upptäckt den verkliga innebörden av vänskap, mod och kärlek.

Och så, med ett hoppfullt hjärta och en känsla av förväntan inför äventyren som låg framför henne, tog Elsa farväl av trädgården som hade varit hennes hem, med vetskapen om att den för alltid skulle ha en speciell plats i hennes hjärta. För genom att säga adjö sa hon också hej till nya början och löftet om oändliga möjligheter som väntade henne i morgondagens trädgård.

Elsa's Farewell and Hello

In the heart of the familiar garden, where flowers swayed in the gentle breeze and the sunlight danced upon the leaves, Elsa, the spirited ladybug, found herself faced with a bittersweet moment – the news that her family would be moving to a new garden.

As the words settled in her heart, Elsa felt a pang of sadness wash over her. The garden had been her home for as long as she could remember, filled with memories of laughter, friendship, and endless adventures. But amidst the sorrow, a spark of excitement flickered within her – the promise of new beginnings, new adventures, and new friendships waiting to be discovered.

With a heavy heart, Elsa bid farewell to her beloved flower bed, the place where she had spent countless hours exploring and dreaming beneath the stars. She said goodbye to Lars the Caterpillar, Mia the Bee, and Jonas the Ant, her cherished companions who had shared in her joys and triumphs.

But as Elsa spread her wings and prepared to embark on her journey to the new garden, she knew that she carried with her the memories and lessons learned in the garden of her youth. For in the garden of dreams, where magic bloomed with every petal and the beauty of nature whispered secrets in the wind, Elsa had discovered the true meaning of friendship, courage, and love.

And so, with a hopeful heart and a sense of anticipation for the adventures that lay ahead, Elsa bid farewell to the garden that had been her home, knowing that it would forever hold a special place in her heart. For in saying goodbye, she was also saying hello to new beginnings and the promise of endless possibilities awaiting her in the garden of tomorrow.